LES
DEUX ASSASSINS

OU

L'ÉGALITÉ DEVANT LA LOI

(ACTUALITÉ)

PAR

E. DE LACOUR

—∞∞◦※◦∞∞—

BRUXELLES

CHEVAL, ÉDITEUR, GRAND'PLACE

—

1870

Bruxelles. — Typ. de É. Wittmann, rue de la Pompe, 8.

A

Louis Noir

LES
DEUX ASSASSINS

ou

L'ÉGALITÉ DEVANT LA LOI

En présence des drames sanglants de Pantin et d'Auteuil, qui, tout récemment, ont si profondément ému l'Europe entière, il nous a paru opportun de mettre en parallèle les deux criminels qui en ont été les héros.

Placés par la main du hasard aux deux extrémités de l'échelle sociale, l'un au faîte, l'autre vers les derniers échelons, ces misérables ne semblaient pas destinés à être un jour confondus. Le crime les a réunis.

Hier, ils se nommaient :

Le premier, Jean-Baptiste Troppmann ;

Le second, prince Pierre Bonaparte.

Toute distance a désormais disparu ; l'histoire impartiale les désignera d'une seule et même appellation :

Assassins !!!

Et pourquoi, en somme, emploierait-on des mots différents pour qualifier des faits en tout semblables?

Est-ce parce que l'un des meurtriers est un prolétaire et l'autre un grand seigneur?

Tel n'est pas notre avis.

Des crimes ont été commis, crimes horribles, hideux, épouvantables. Les auteurs sont justiciables non-seulement des tribunaux, mais encore et surtout de l'opinion publique.

Qu'importe leur position sociale !

— Mais un prince, exclameront quelques naïfs...

Eh bien ! après ?

L'homme est-il donc un gibier que tout prince peut impunément abattre ?

Nous devons convenir qu'il en était ainsi autrefois. Et c'est là ce que certains appellent effrontément « le bon vieux temps, l'âge d'or. » Bon temps, en effet, pour les privilégiés, les nobles seigneurs, qui seuls possédaient emplois et richesses, et cela au détriment du reste de l'humanité, qu'on laissait croupir dans le plus honteux esclavage.

Mais peut-il en être de même aujourd'hui ? *Quantùm mutatus ab illo !*... Nous voici en plein dix-neuvième

siècle, siècle de progrès s'il en fut...
Le vent des révolutions a poussé vers
nous ses principes généreux, et la
société, régénérée par ce lait bien-
faisant, marche à pas de géant à la
conquête de ses droits.

La qualité du meurtrier ne saurait
donc, en l'an d'espoir 1870, atténuer
son crime. Disons mieux : s'il est mis
en évidence par la position qu'il occupe,
sa responsabilité est d'autant plus
grande que ses exemples peuvent être
plus funestes. Aussi croyons-nous que
la Justice, dont la première vertu doit
être l'impartialité, est tenue de s'inspi-
rer de ces considérations pour rendre
ses arrêts.

Ceci posé, examinons les faits, et
voyons si dame Thémis a conscien-
cieusement rempli son mandat.

Procédons par ordre de dates.

TROPPMANN

Il a vingt ans. Né de parents besoigneux, l'instruction lui a fait défaut; son savoir se borne à lire et écrire à peu près correctement. Dès son jeune âge, il se livre à de rudes travaux. Pauvre, il rêve sans cesse la fortune; comment l'acquerra-t-il? Il l'ignore. Mais que lui importent les moyens! D'autres n'ont-ils pas dit avant lui : « La fin justifie les moyens? »

Et, de fait, comme pour donner raison à cet axiome immoral, ne coudoyons-nous pas chaque jour nombre de gens qui seraient fort contrariés, humiliés même, d'avoir à faire connaître la source de leurs richesses? Il est vrai que leur petit secret n'est pas absolument ignoré de tous, ce qui leur cause parfois un violent dépit... Oh! ils n'en sont pas moins insolents! Comme tous les parvenus, ils s'efforcent de dépouiller le vieil homme, espérant faire oublier ce qu'ils ont été.

— Hélas! généralement ils réussissent à se rendre un peu plus ridicules.

D'aucuns doivent leur haute position non-seulement au vol, mais à une tuerie quelconque.....

Certes, de tels exemples, rehaussés par l'impunité, sont bien de nature à encourager de funestes pensées, alors qu'elles prennent naissance dans un cerveau faible et corrompu.

Donc, Troppmann s'était dit : « Je veux être riche ; je le serai. »

On sait de quelle façon il a tenté de changer en réalité le rêve qu'il avait si longtemps caressé.

Nous ne raconterons pas le drame dont Pantin a été le théâtre : certains journaux ont suffisamment entretenu le public de ces révoltants détails. Bien heureux sommes-nous, du reste, de n'avoir pas à remplir cette pénible tâche. Rappelons seulement que les victimes étaient au nombre effrayant de huit.

Arrêté peu de jours après la perpétration de ses forfaits, Troppmann a été conduit en prison sous bonne escorte, et mis au secret le plus absolu ; puis la Cour a été appelée à statuer sur son sort, et, dès le jour de sa condamnation, la camisole de force est venue s'ajouter aux nombreuses précautions dont on avait cru devoir entourer ce scélérat.

La bête féroce était enfin garrottée, muselée, et désormais dans l'impossibilité de nuire à la société. Cela n'a pas paru suffisant.

Dans divers pays qui se qualifient hardiment de « civilisés, » en France notamment, il existe une loi barbare, honteuse, qui a pour devise : *œil pour œil, dent pour dent*. Quelques hommes n'ont pas craint de se faire les complices de cette loi inhumaine ; aidés dans leur sombre besogne par une machine ignoble, ils ont décapité le coupable.

En ce moment, sans doute, ces hommes se frottent les mains et disent *in petto* : « Voilà la société purgée ! »

Notre intention n'est pas de discourir sur l'abolition de la peine de mort.

Cette loi vermoulue, antisociale, ne tardera pas à disparaître de nos mœurs. Il importait seulement, pour l'intelligence de notre sujet, de constater qu'aucune mesure n'avait été négligée en cette circonstance.

Notons le dénouement :

Troppmann guillotiné, le 19 janvier, sur la place de la Roquette.

BONAPARTE

Bien que nous supposions le lecteur au courant du drame d'Auteuil, nous croyons devoir rappeler les détails de ce crime odieux.

C'était le 10 janvier.....

Mais cédons la parole à l'unique témoin, l'honorable M. Ulric de Fonvielle, dont l'impartialité ne saurait être suspectée.

Nous citons textuellement :

« Le 10 janvier 1870, à 1 heure,
» nous nous sommes rendus, Victor

» Noir et moi, chez le prince Pierre
» Bonaparte, rue d'Auteuil, 59 ; nous
» étions envoyés par M. Paschal
» Grousset, pour demander au prince
» Pierre Bonaparte raison d'articles
» injurieux contre M. Paschal Grous-
» set, publiés dans l'*Avenir de la*
» *Corse*.

» Nous remîmes nos cartes à deux
» domestiques qui se trouvaient sur la
» porte ; on nous fit entrer dans un
» petit parloir au rez-de-chaussée, à
» droite. Puis, au bout de quelques
» minutes, on nous fit monter au pre-
» mier étage, traverser une salle
» d'armes et enfin pénétrer dans un
» salon.

» Une porte s'ouvrit, et M. Pierre
» Bonaparte entra.

» Nous nous avançâmes vers lui,

» et les paroles suivantes furent échan-
» gées entre nous :

» — Monsieur, nous venons de la
» part de M. Paschal Grousset vous
» remettre une lettre.

» — Vous ne venez donc pas de la
» part de M. Rochefort, et vous n'êtes
» pas de ses manœuvres?

» — Monsieur, nous venons pour
» une autre affaire, et je vous prie de
» prendre connaissance de cette lettre.

» Je lui tendis la lettre ; il s'appro-
» cha d'une fenêtre pour la lire. Il la
» lut, et après l'avoir froissée dans
» ses mains il vint vers nous.

» — J'ai provoqué M. Rochefort,
» dit-il, parce qu'il est le porte-dra-
» peau de la crapule. Quant à
» M. Grousset, je n'ai rien à lui ré-
» pondre. Est-ce que vous êtes soli-
» daires de ces CHAROGNES?

» — Monsieur, lui répondis-je,
» nous venons chez vous loyalement et
» courtoisement, remplir le mandat
» que nous a confié notre ami.

» — Êtes-vous solidaires de ces
» misérables ?

» Victor Noir lui répondit :

» — Nous sommes solidaires de
» nos amis.

» Alors, s'avançant subitement d'un
» pas, et sans provocation de notre
» part, le prince Bonaparte donna de
» la main gauche un soufflet à Victor
» Noir, et en même temps il tira un
» revolver à dix coups, qu'il tenait
» caché et tout armé dans sa poche, et
» fit feu à bout portant sur Noir.

» Noir bondit sous le coup, appuya
» ses deux mains sur sa poitrine, et
» s'enfonça dans la porte par où nous
» étions entrés.

» Le lâche assassin se précipita
» alors sur moi et me tira un coup de
» feu à bout portant.

» Je saisis alors un pistolet que
» j'avais dans ma poche, et, pendant
» que je cherchais à le sortir de son
» étui, le misérable se rua sur moi ;
» mais lorsqu'il me vit armé il se re-
» cula, se mit devant la porte et me
» visa.

» Ce fut alors que, comprenant le
» guet-apens dans lequel nous étions
» tombés, et me rendant compte que,
» si je tirais un coup de feu, on ne
» manquerait pas de dire que nous
» avions été les agresseurs, j'ouvris
» une porte qui se trouvait derrière
» moi et je me précipitai en criant à
» l'assassin.

» Au moment où je sortais, un se-

» cond coup de feu partit et traversa de
» nouveau mon paletot.

» Dans la rue, je trouvai Noir qui
» avait eu la force de descendre l'es-
» calier, — et qui expirait...

» Voilà les faits tels qu'ils se sont
» passés, et j'attends de ce crime une
» justice prompte et exemplaire.

» *Signé :* ULRIC DE FONVIELLE. »

Ainsi, voilà deux hommes hono-
rables qui se présentent au nom de
leur ami. Ils ont à remplir une mission
délicate : il s'agit de ce que l'on est
convenu de nommer « une affaire
d'honneur. » Deux fois inviolables —
et par leur qualité de parlementaires
et par leur présence sous le toit de
leur adversaire — ils viennent en toute
sécurité. Nul pressentiment ne les
avertit du danger ; ne vont-ils pas chez

un homme bien élevé? On le dit, il est vrai, fort brutal; mais qui donc oserait attenter à la vie de deux hommes revêtus d'un caractère sacré?....

Lorsque deux armées sont en présence et que, soit avant, soit après le combat, l'une d'elles envoie un officier parlementer, cet officier n'est-il pas traité avec toutes sortes d'égards par l'armée ennemie? L'histoire offre peu d'exemples de parlementaires tués, même chez les peuples les plus bar-

Deux fois inviolables, avons-nous dit. En effet, ces messieurs n'étaient-ils pas les hôtes du prince?

Voyez l'Arabe, cet être dégénéré dont les passions dominantes sont le vol et le meurtre. Un voyageur égaré, ou un chasseur attardé vient-il demander asile pour la nuit : il l'invite à entrer dans son gourbi, et dès que l'étranger a franchi ce seuil hospitalier, il est à l'abri de toute tentative coupable. Son hôte veille sur lui; non-seulement il ne lui fera aucun mal, mais il le défendra au besoin.

Eh bien! ce qu'un Bédouin n'eût point osé; ce que le Cosaque, le Mexicain n'eussent pas fait sur un champ de bataille, un prince français, un Bonaparte n'a pas craint de le faire dans son domicile propre! Et cela à Paris!... au grand jour!... en l'an 1870, c'est-à-dire au dix-neuvième siècle!...

Vainement nous cherchons le mobile qui a dirigé le bras du meurtrier.

Parmi les criminels, il en est qui tuent pour dépouiller leurs victimes, et c'est le plus grand nombre. D'autres tuent par vengeance, ce qui est, comme on sait, « plaisir des dieux. » Ceux-là ont du moins un semblant d'excuse.

Le premier cas étant nécessairement éliminé, il nous reste à examiner le second.

Est-ce donc par vengeance que Pierre Bonaparte a assassiné Victor Noir et tenté d'assassiner Ulric de Fonvielle?

Poser la question, c'est la résoudre.

Non-seulement Pierre Bonaparte ne pouvait avoir de griefs sérieux contre ces messieurs, qu'il ne connaissait nullement, mais ce n'est pas à leur intention qu'il avait chargé son revolver.

Il est notoire, en effet, que ce n'est pas eux que le meurtrier attendait. Et l'on serait autorisé à penser qu'ils n'ont été que le « pis aller. »

Vengeance!... mot affreux, terrible,

qui peut pousser l'honnête homme à une violente extrémité....

Si étroite que soit cette porte, on l'entrebâille parfois, pour laisser pénétrer les circonstances atténuantes. Hélas! cette mince ressource même fait défaut. On serait donc fondé à croire que le sang a été versé pour le seul plaisir de le voir couler, — ou par habitude.

Nous avons dit par quel ensemble de mesures on avait enlevé à Troppmann toute chance d'évasion ou de suicide. A-t-on procédé de même envers ce prince assassin?

Examinons.

C'est à une heure que le crime a été commis; un citoyen s'est empressé d'aller en informer la police d'Auteuil. En pareil cas, son devoir est tout tracé : s'emparer du coupable et le mettre aussitôt en lieu sûr.

Le commissaire de police n'a pas jugé à propos de suivre les règles habituelles. « Arrêter un Bonaparte, s'est-il dit, quelle horreur ! Ce sans-façon est bon lorsqu'il s'agit d'un assassin vulgaire ou d'un journaliste ; mais une altesse, grand Dieu !... »

Et il court prendre les ordres de son chef suprême.

Il serait oiseux de faire ressortir l'imprudence qu'il y avait à laisser ainsi, en pleine liberté, un homme qui devait avoir si grand intérêt à s'enfuir. Nul doute, en effet, que c'est là ce qui fût arrivé, si le meurtrier ne s'était senti couvert par son nom et la haute position de sa famille.

« M'enfuir ! aura-t-il murmuré, à quoi bon ? L'impunité ne m'est-elle pas acquise?... Le pis qui puisse m'arriver c'est que ma pension soit supprimée... Bast! je suis bien assez riche. »

Il est au moins présumable que ce sont là, à peu de choses près, les pensées qui ont dû se présenter à l'esprit de Pierre Bonaparte. Et sa conduite, en cette grave circonstance, semble confirmer nos présomptions.

On se rappelle que c'est à 5 heures seulement, c'est-à-dire, après avoir mûrement réfléchi, que le prince s'est constitué prisonnier.

Une simple question.

Est-il admissible qu'un scélérat ayant conscience de sa position, alors que ses forfaits lui montreraient pour toute perspective l'échafaud, aille présenter volontairement, librement sa tête au couperet ?

Évidemment on serait pris de pitié

pour ce malheureux, et la Justice atté-
nuerait autant qu'il est en elle le châtiment; car ce ne serait plus un criminel qu'elle aurait à frapper, mais un
fou.

Or, chacun sait que Pierre Bonaparte jouit de toutes ses facultés.

Il faut convenir, au reste, qu'il a été
heureusement inspiré en se rendant à
la Conciergerie. Nombre d'honnêtes
gens, qui n'ont pas assassiné du tout,
se plairaient volontiers dans cette prison, — étant donné, bien entendu, le
régime très-supportable auquel est sou-
mis ce prisonnier doré.

Qui donc a parlé de « la paille hu-
mide des cachots, » de « la rigueur
extrême qui règne dans cette sombre
demeure ? »

Ah! combien tout est changé!

Imaginez une maison de plaisance, meublée avec luxe, où le maître reçoit qui lui plaît, lit les journaux, fait apporter ses repas de chez Chevet ou Véfour... Seulement, il ne peut sortir: son médecin lui a ordonné de garder la chambre.

Telle est, depuis le 10 janvier, l'existence de Pierre Bonaparte.

— Pourtant, direz-vous, c'est un assassin.

— Sans doute; mais c'est en même temps un prince. Vous ne comprenez pas en quoi cela peut influer..... Ni nous non plus. Aussi nous bornons-nous à constater le fait, sans l'expliquer.

— Et les balances de Thémis ? Et son bandeau ?

— Oui, sur les yeux.... Eh bien, il est présumable que ce bandeau n'est pas tellement épais qu'elle ne puisse distinguer un scélérat de bonne maison d'un scélérat de bas-étage. Quant aux balances, songez au poids écrasant d'une altesse.... Les contribuables en savent quelque chose.

Est-ce bien là l'application de cette sublime maxime : « L'égalité devant la loi ? »

Il convient maintenant, pour éclairer l'opinion publique, d'interroger les antécédents de Pierre Bonaparte, — ainsi que ne manque pas de le faire dame Justice, lorsqu'elle a à se prononcer sur le plus ou moins de culpabilité d'un accusé.

La fée Richesse a présidé à la naissance de ce criminel. Dans son berceau, au milieu des layettes brodées, se trouvaient un grand nom et un peu de gloire. Point n'était besoin, comme pour le commun des mortels, de s'inquiéter de l'avenir : un horizon tout rose se déroulait devant les yeux encore fermés de cet enfant privilégié.

Devenu homme, il voyage, et partout il laisse des traces sanglantes de son passage.

A Rome, il brûle la cervelle, dans sa propre maison, à deux jeunes gens venant lui demander réparation par les armes de la séduction de leur sœur. Le gouvernement pontifical ayant envoyé un officier et trois carabiniers pour arrêter le meurtrier, celui-ci assassine l'officier. Jugé et condamné à mort, il est bientôt gracié et rendu à la liberté; — mais on le chasse du territoire.

A Corfou, il tue lâchement un officier de douane..... Il est également chassé.

En Belgique, il fusille un garde-chasse.

A Paris, il assassine Victor Noir et tire deux coups de revolver sur M. Ulric de Fonvielle.

C'est donc un total de sept victimes, chiffre presque conforme à celui de Troppmann.

Notons pour mémoire quelques faits qui dépeignent le caractère de ce misérable.

Verser le sang était pour lui si grand bonheur, qu'un jour — c'était dans le Luxembourg — revenant bredouille de la chasse, il tombe sur un troupeau de vaches et en abat six à coups de fusil. Survint le propriétaire, auquel il fallut payer les vaches à raison de 400 francs pièce.

A Bruxelles, dans un café, il frappe un vieillard et le provoque en duel, parce qu'il avait lancé une insinuation contre ses procédés.

En 1848, dans une séance de la Constituante, il soufflette le plus vieux des représentants du peuple, l'honorable M. Gastier.

En 1849, au siége de Zaatcha, en Afrique, il abandonne son poste. Le général d'Hautpoul, alors ministre de la guerre, le destitue pour sa désertion.

Tout récemment, en chemin de fer, il met son revolver sous la gorge d'un honorable négociant de Marseille.

C'était, on le voit, un voisin peu commode que le prince Pierre; aussi fut-il écarté partout comme un homme brutal, colérique et dangereux.

Notre prétention n'est pas, nous nous hâtons de le déclarer, d'avoir dépouillé minutieusement, complétement le dossier de Pierre Bonaparte. Tel qu'il est, néanmoins, il suffit à démontrer que ce criminel a plusieurs fois mérité l'échafaud — cette pénalité étant encore inscrite dans notre Code.

Récapitulons :

A Rome, 3 assassinats, — *mort*.

A Corfou, assassinat, — *mort*.

En Belgique, assassinat, — *mort*.

En Afrique, abandon de son poste devant l'ennemi, — *mort*.

A Paris, assassinat et tentative d'assassinat, — *mort*.

Tant de crimes restés impunis, dira-t-on, est-ce possible? Cela est, pourtant.

Oh! combien ils doivent avoir de remords, les hommes qui, par une faiblesse coupable, n'ont pas mis ce bandit corse dans l'impossibilité de nuire, ainsi que le devoir et la loi le leur ordonnaient. Que de sang ils eussent épargné! Victor Noir serait encore au milieu de nous....

Et — pour ne parler que de cette dernière victime — quelle ne doit pas être l'indignation de sa famille, de ses amis, de sa fiancée, veuve avant l'hymen!... Les entendez-vous crier à travers leurs sanglots : « Mais pourquoi a-t-on laissé errer librement cette bête féroce? Pourquoi n'a-t-on pas abattu ce chien enragé dès la première morsure qu'il a faite? Pourquoi ce loup a-t-il été autorisé à vivre parmi les brebis? Pourquoi ce fou furieux n'a-t-il pas été enfermé à Bicêtre?... »

Hélas! ces récriminations, arrachées par la douleur, ne sont que trop légitimes.

Fallait-il donc de nouvelles victimes, pour qu'on songeât à protéger la société contre cet être dangereux? On aurait dû, ce nous semble, se montrer plus soucieux de la vie des citoyens.

Ah! nous le répétons, c'est là une terrible responsabilité pour les hauts personnages qui, par leur influence, assurèrent l'impunité à ce coupable! Et cette responsabilité, on ne saurait le nier, rejaillit sur ceux qui eurent la faiblesse d'écouter ces voix perfides.

Certes, nous ne voulons pas la mort du pécheur; nous ne demandons même pas sa conversion à des sentiments plus humains, convaincu que nous sommes que ce serait rêver l'impossible. Mais, de bonne foi, la société n'a-t-elle pas le droit, le devoir même, d'exclure de son sein un membre indigne? En présence des forfaits nombreux, presque quotidiens dont un scélérat s'est rendu coupable, est-ce donc se montrer trop exigeant que de demander des garanties sérieuses pour l'avenir?

Il n'est pas de tête si haute que le châtiment ne puisse atteindre... Et la sécurité de tous ne saurait être sacrifiée à l'infamie d'un seul.

Pour que la loi soit respectée, pour qu'elle conserve sa puissance, son prestige, il faut que l'application en soit faite avec loyauté et impartialité. Pour elle, il ne peut y avoir ni pauvre, ni riche, ni prolétaire, ni grand seigneur; il y a un coupable ou un innocent : si c'est un coupable, qu'elle frappe.

Malheureusement, il n'en a pas toujours été ainsi, — à l'égard de Pierre Bonaparte, du moins, — puisqu'il a pu impunément se livrer à tous les excès coupables auxquels sa nature perverse le conviait. Pour lui, la loi n'a pas cessé d'être lettre morte.

En sera-t-il de même aujourd'hui?

Hélas!... hélas!...

Recueillons-nous, ami lecteur.

L'accusé va bientôt comparaître devant ses juges. Et quels juges, grands dieux! Des hommes de loi tout frais, tout neufs, confectionnés exprès pour la circonstance. Nous nous trompons; ce sont de vieux magistrats, mais qui n'ont pas fonctionné depuis vingt ans, — un peu rouillés, par conséquent.

Loin de nous la pensée que de tels hommes sont susceptibles de partialité.

Des conseillers généraux de l'empire, fichtre!... De même que la femme de César, ils ne doivent pas être soupçonnés.

Toutefois, nous avouons ne pas comprendre l'utilité d'une cour spéciale. La Haute Cour aurait-elle des lois particulières, plus dignes de ses illustres clients, ou une manière à elle de les appliquer? Mystère.

Toujours est-il que l'on a trouvé la Cour d'assises indigne de Pierre Bonaparte. A ce criminel de haut parage, il fallait des juges choisis, des juges de première qualité. Cela s'appelle, dit-on, être jugé par ses pairs.

Singulier assemblage de mots.

Quoi! les conseillers généraux de l'empire seraient les *pairs* d'un assassin? Il est au moins douteux que ces graves personnages se sentent flattés de la comparaison. Car, si le dictionnaire ne nous en impose pas, *pair* signifie : « égal, pareil, semblable. »

Dès lors, il est évident que si l'on voulait faire l'application sincère de ce principe, la Haute Cour devrait être ainsi composée :

Président : l'honorable M. Cartouche ;

Ministère public : Papavoine ;

Juges : La Pommerays, Duroule, Lemaire, Dumolard, Momble ;

Greffier : Lacenaire.

Et l'assassin eût été réellement jugé par ses « pairs. »

Mais, nous devons convenir qu'il y avait quelque difficulté à convoquer ces personnages illustres : tous ayant payé de leur tête l'honneur insigne d'être les « pairs » du prince Pierre.

Et si celui-ci allait subir le même sort? Dame! il y a préméditation, guet-apens : circonstances fort aggravantes..... Oh! non; c'est impossible... Dieu ne le permettra pas... Chassons ces sombres pensées.

Il ne nous appartient pas, au reste, de devancer les décisions de la Justice. Qu'il nous suffise de savoir que la Haute Cour ne.... atchi!... ne.... atchi!.... ne faillira pas.... atchi!... Diable de rhume, va!

Ne préjugeons donc rien.

Attendons.

NOTE

Nous avions résolu, tout d'abord, de ne publier cette brochure qu'après le jugement — dont l'heure semblait proche — de Pierre Bonaparte. Mais en présence du décret qui renvoie au « 21 mars » la convocation de la Haute Cour, nous croyons utile de livrer sans délai ces pages au public; — nous réservant de faire paraître une seconde édition, augmentée de nos conclusions, dès que la Justice aura rendu son arrêt.

E. DESLACOURS.

20 février 1870.